SAKER SOM SER UT SOM KONST

En liten guide för ett mer
intuitivt förhållningssätt
till konst.

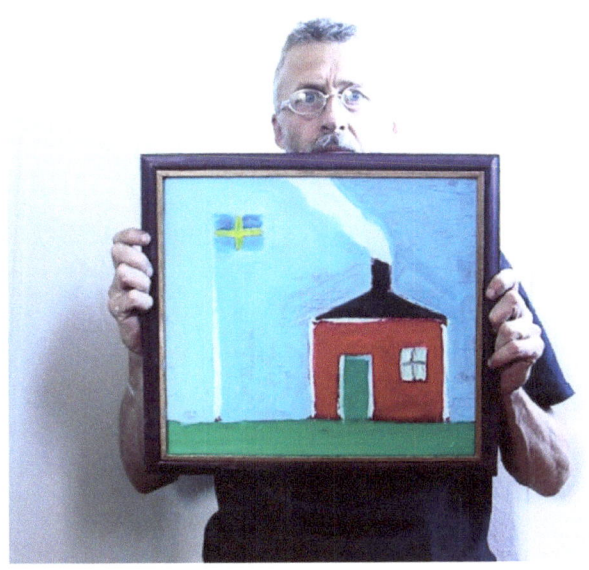

Är man så gammal som jag fick man göra ett skolmognadstest för att få börja skolan. En av uppgifterna var att rita in rök och en flagga på en förtryckt bild av ett hus med skorsten och flaggstång. Vitsen var att få röken och flaggan pekandes åt samma håll. Då var man skolmogen.

Långt senare i livet gjorde jag den här bilden. Det var när jag bestämt mig för att göra saker som ser ut som konst.

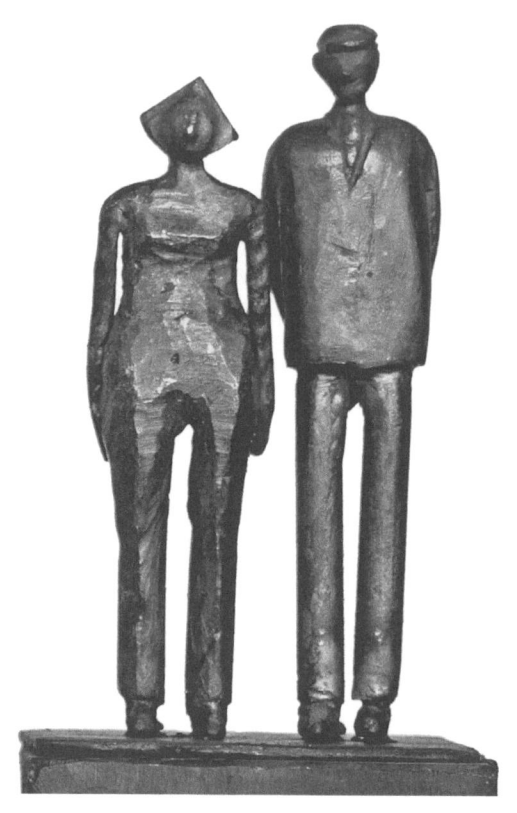

Saker som ser ut som konst
är gjorda med ett högre syfte.
Har pretentioner.

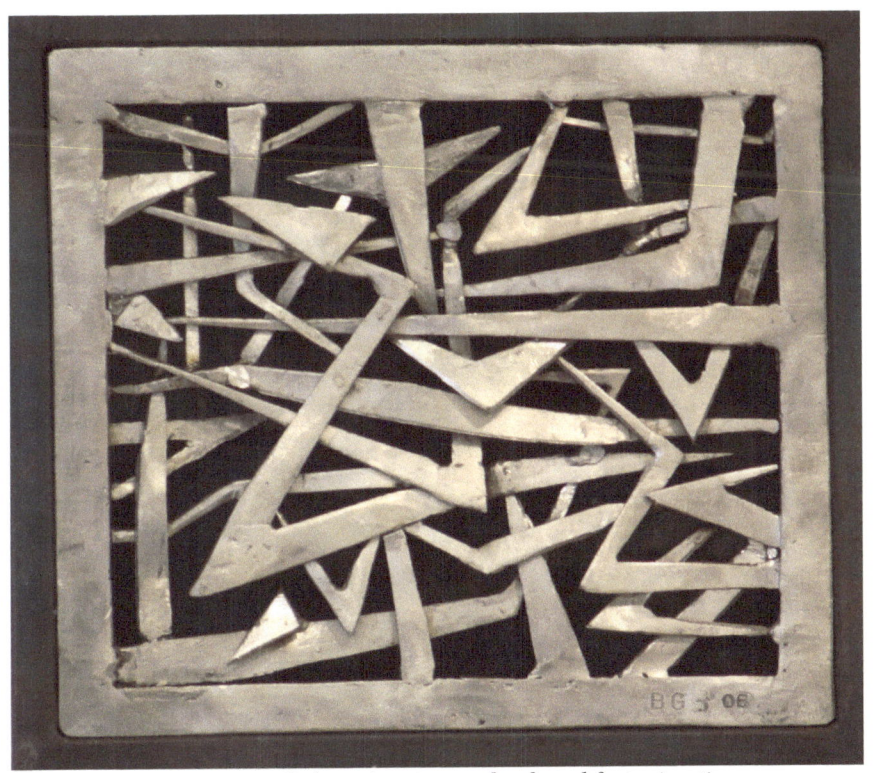

Dekorativ väggprydnad med fantasimotiv

Det är något mer än bara utsmyckning.
Det är det subjektiva mötet med en
annan människas iakttagelser.

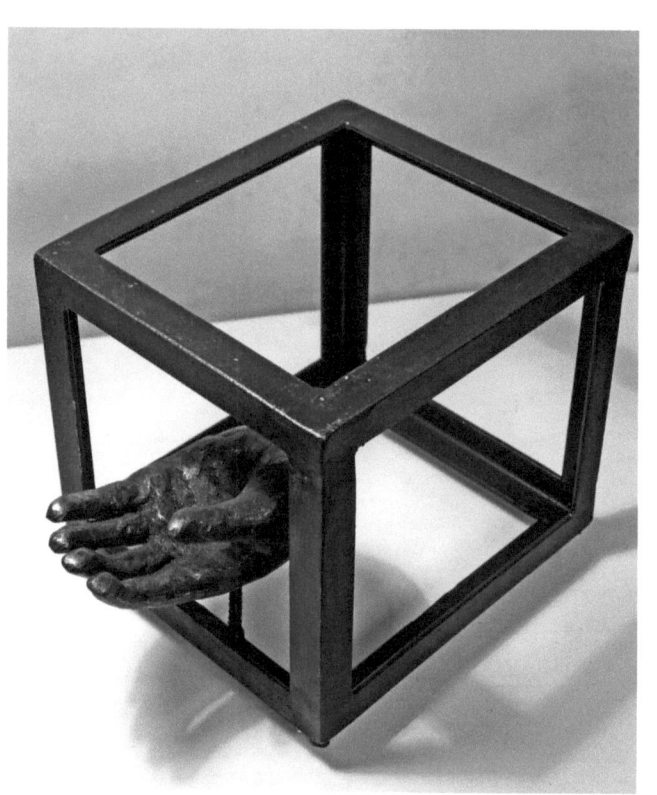

Ibland är det
så subtilt att
man knappt
hänger med.

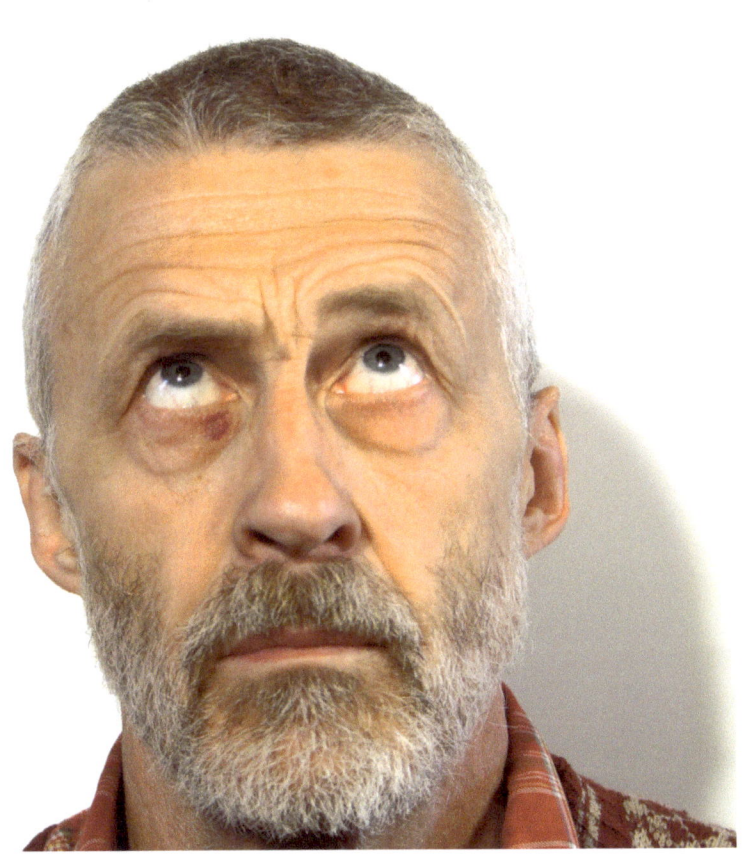

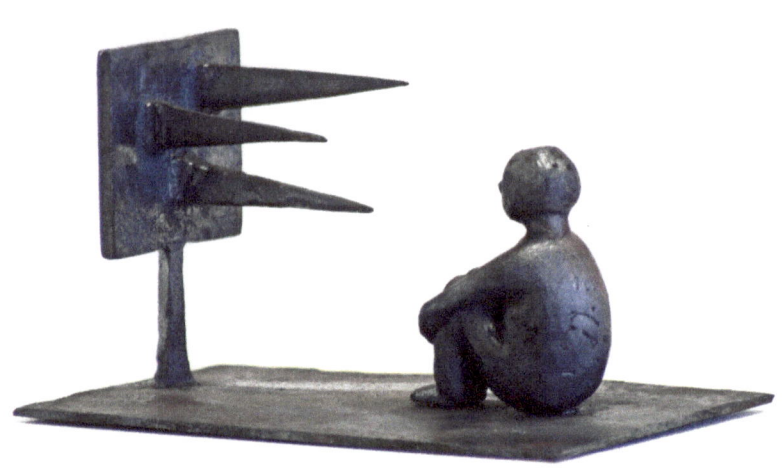

Saker som ser ut som konst
ska man låta skölja över sig.
Känna in, inte försöka förstå.

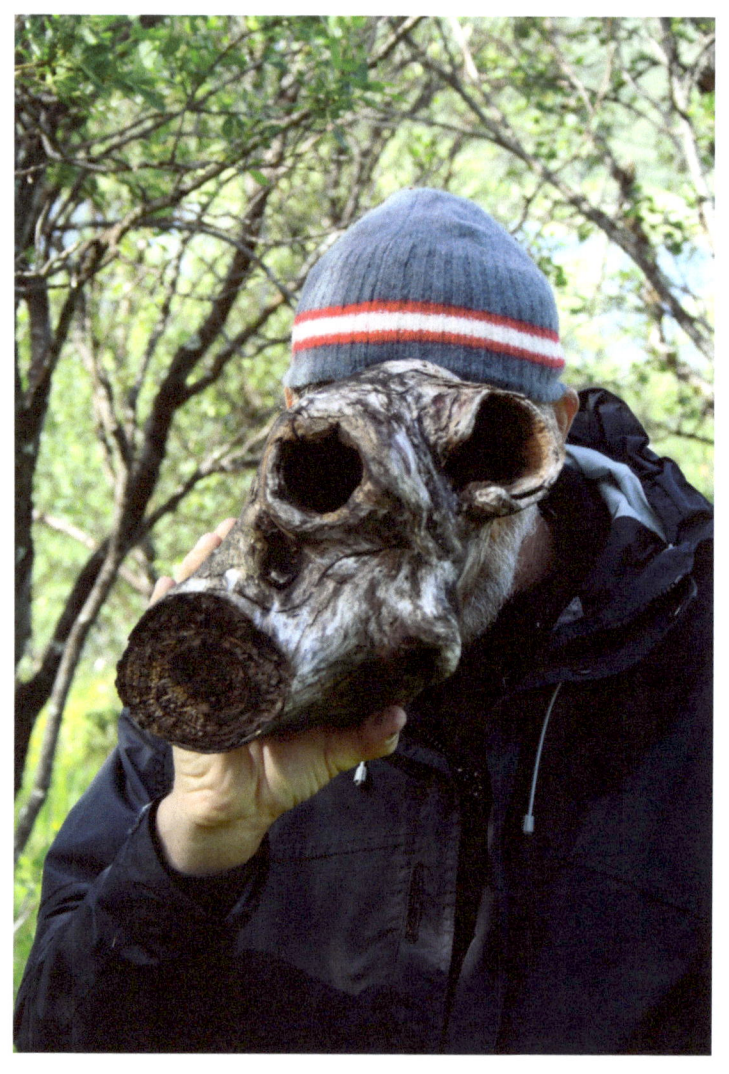

Det är mycket en hållning. Det gäller att öva upp sin associativa förmåga.

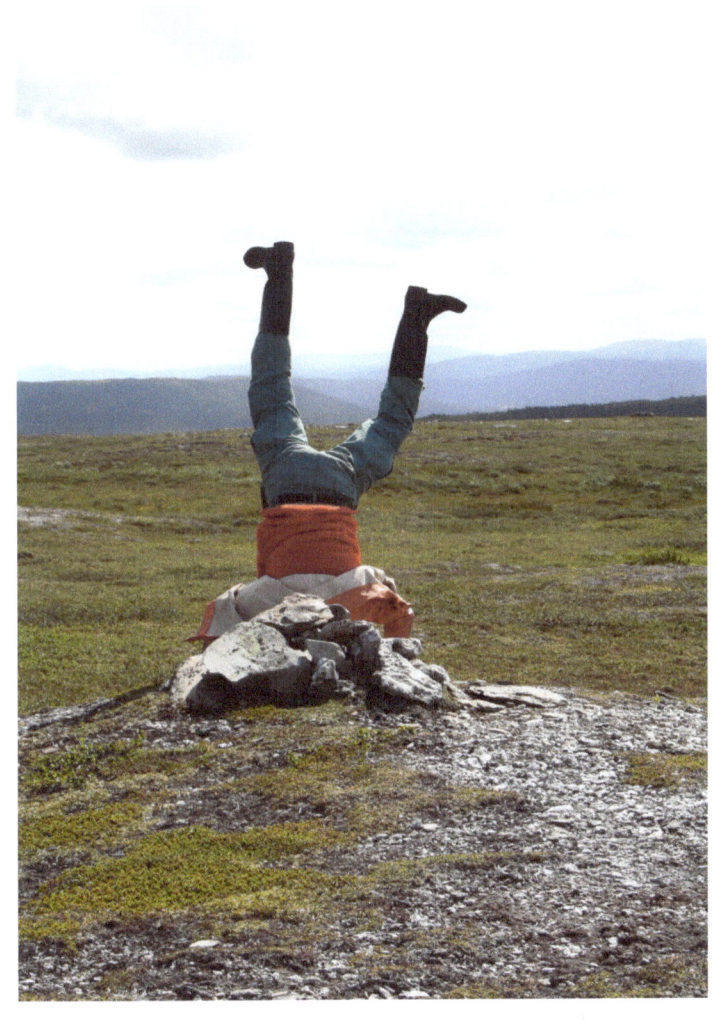

Så kan man också göra.
Men det är inte rätt.

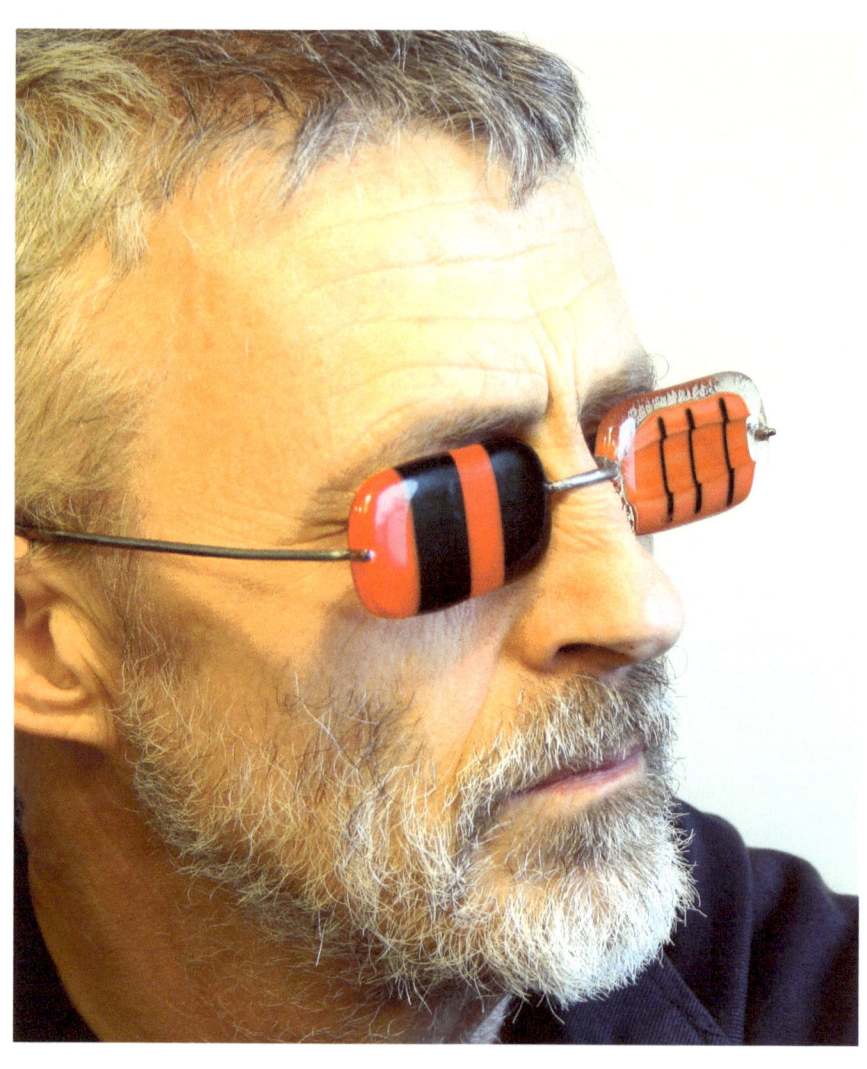

Då är det bättre med konstglasögon.

Med konstglasögon ser man konsten i tillvaron.
Med queerglasögon blir det mesta sexuellt laddat
och med ekonomiglasögon får allt en prislapp.

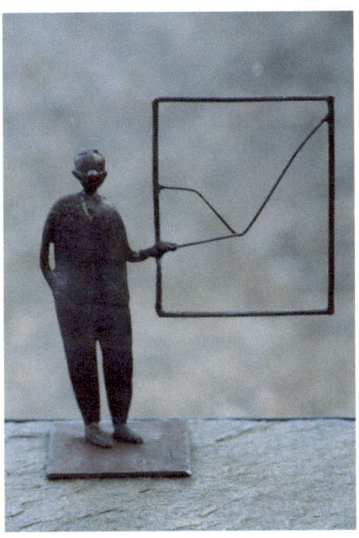

De flesta vill trots allt
ha en bruksanvisning.
Nånting att hålla sig till,
om det så är en prislista.

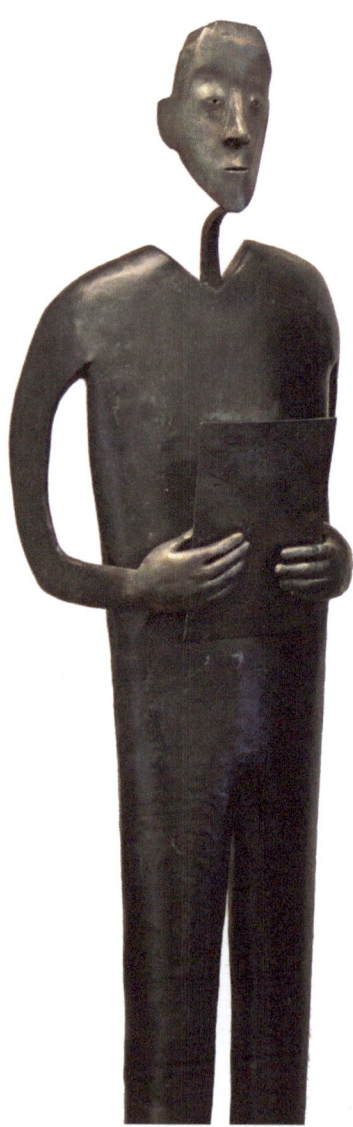

Behovet av information är
dock överskattat. Ett wiener-
bröd smakar inte bättre av att
man vet hur bagarn tänkte.

Men en bra titel är aldrig fel.

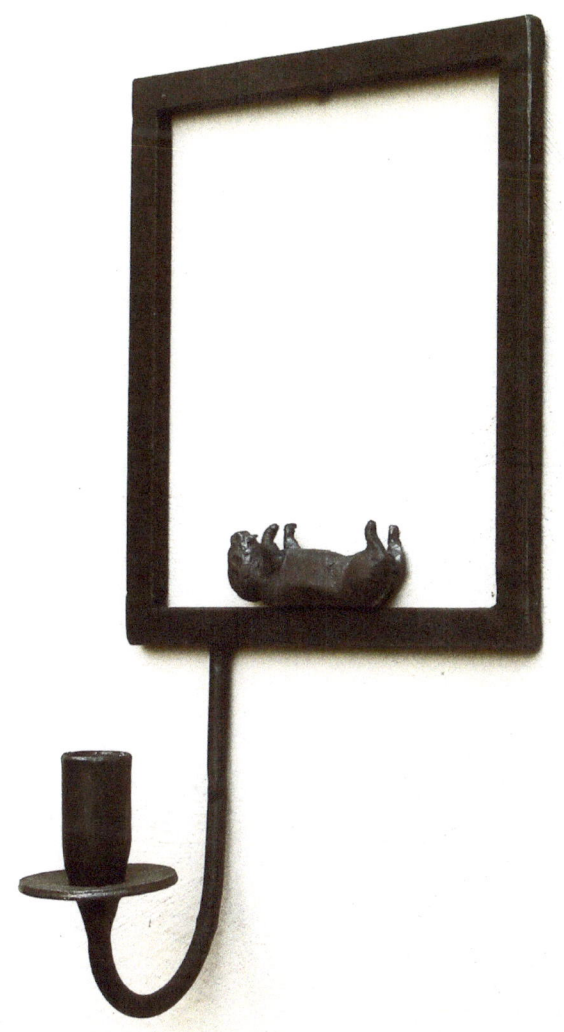

Till minne av en död hamster

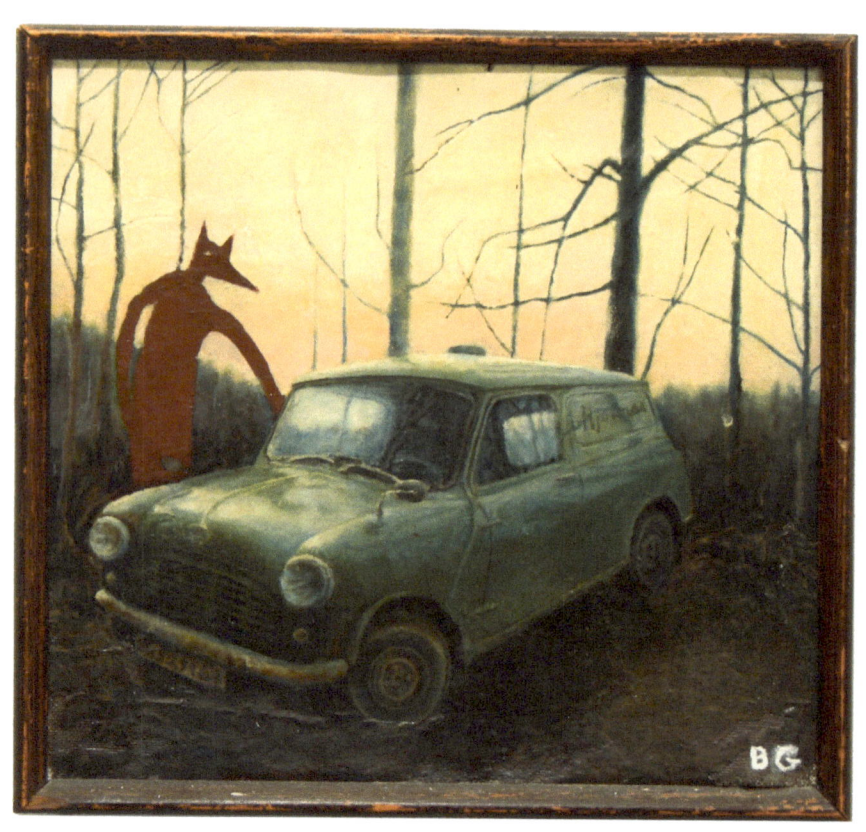

Räv vid hundkoja

Saker som ser ut som konst är
ibland riktig konst. Ibland inte.
Ibland kan det hända att man
står och betraktar billiga kopior.

Mycket beror på sammanhanget
eller kontexten som man säger
i branschen. Att veta var konst-
världen slutar och var den riktiga
tar vid är svårt. Det kräver lång
akademisk utbildning att avgöra
och inte ens då kan man vara
riktigt säker.

Nu är detta inget stort problem.
Det finns ändå inga pengar att
hämta för utövarna och berörs
man inte är det bara att låta bli
att titta.

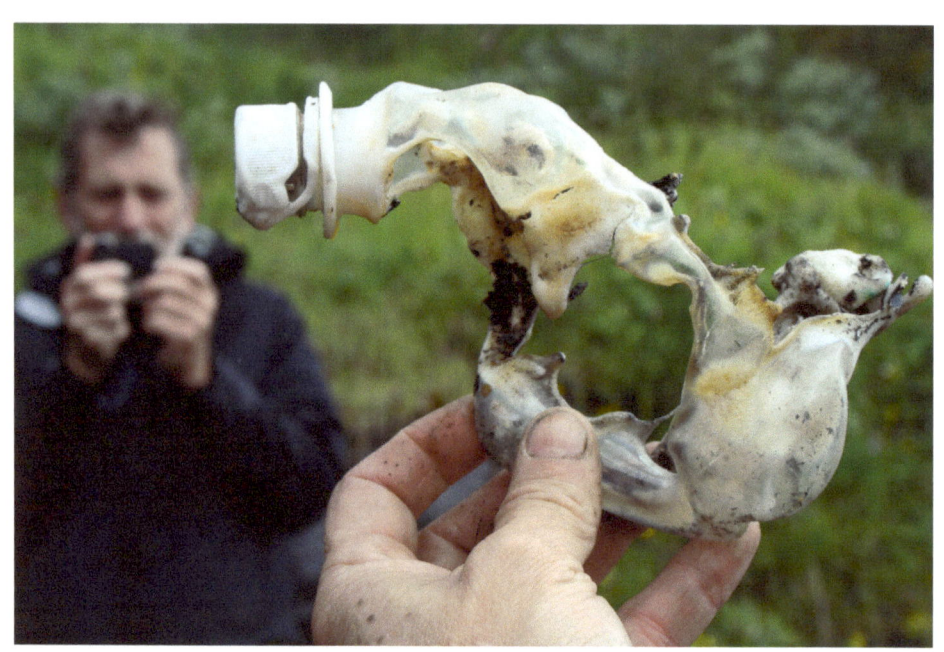

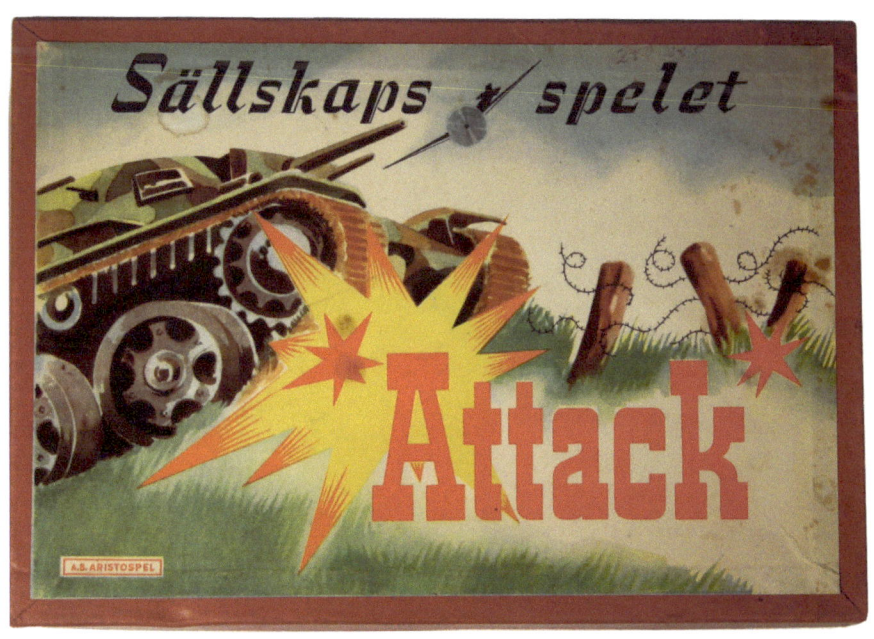

Det finns saker som helt oavsiktligt ser ut som konst. Föremål som oförmodat dyker upp och verkar ha nåt att säga.

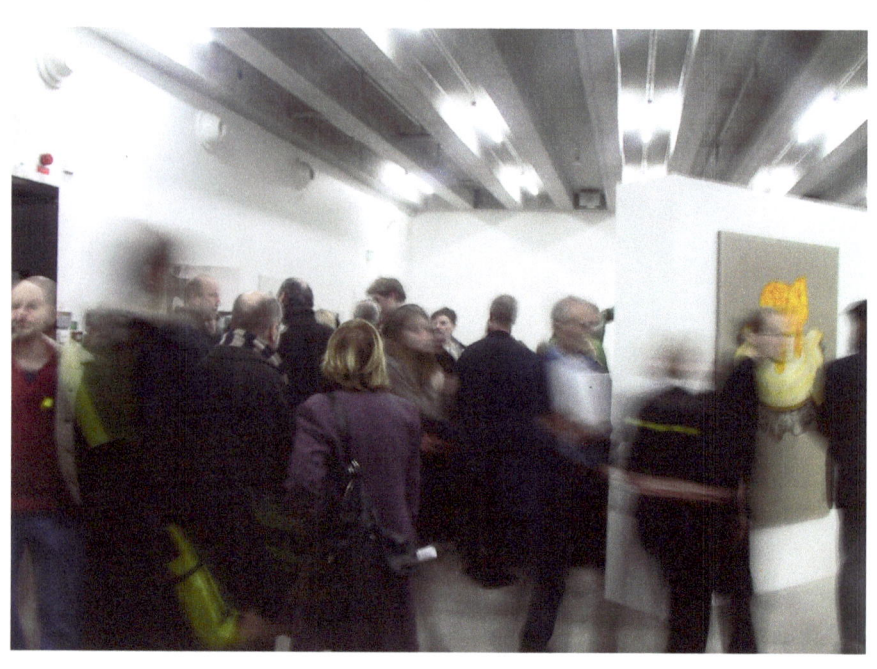

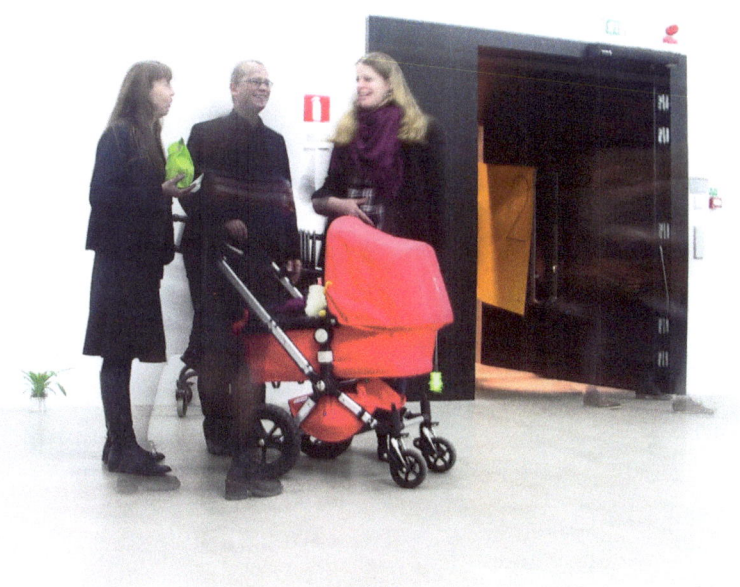

De flesta saker som ser ut som konst
finns dock på konsthallar och gallerier.
Där finns även de människor som
ser på saker som ser ut som konst.
Ibland ser dom också ut som konst.

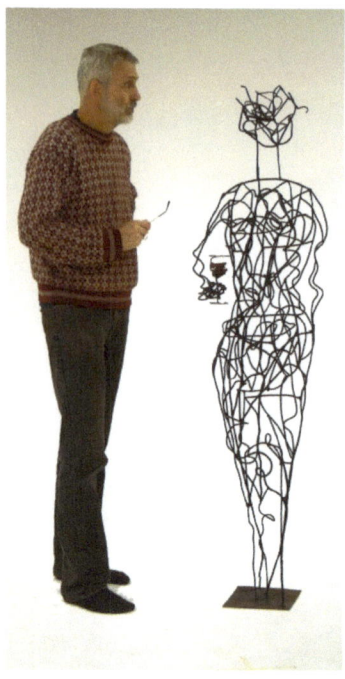

Och ibland är det vernissage. Det är lite som examensdag för den som gör saker som ser ut som konst.
Släkt och vänner dyker upp, en och annan konstförening och sådana som själva gör saker som ser ut som konst.

De kommer dit för att mingla, dricka några glas vin och känna sig som en del av det lokala konstlivet.

Och så vill dom veta hur man tänkt. För det finns det olika strategier:

Antingen berättar man vilken teknik man använt eller så förvirrar man sig bort i någon obskyr teori, gärna med udda referenser, och slutar i ett hummande intet.

"Till den här utställningen har jag valt att arbeta med en ESAB 180 Migsvets och två DeWalt vinkelslipar. Med 125:ans skiva alltså. Och så släggahammaren... brukar ha ett V-block att slå mot. Bytte nyss skyddsgas till en mjukare sort som ger mindre sprut men kände att jag ville återgå till den gamla för den är mer direkt... Så slant jag när jag slipade, men det fick ingå som en del av processen, som ett sätt att visa på tillvarons skörhet..."

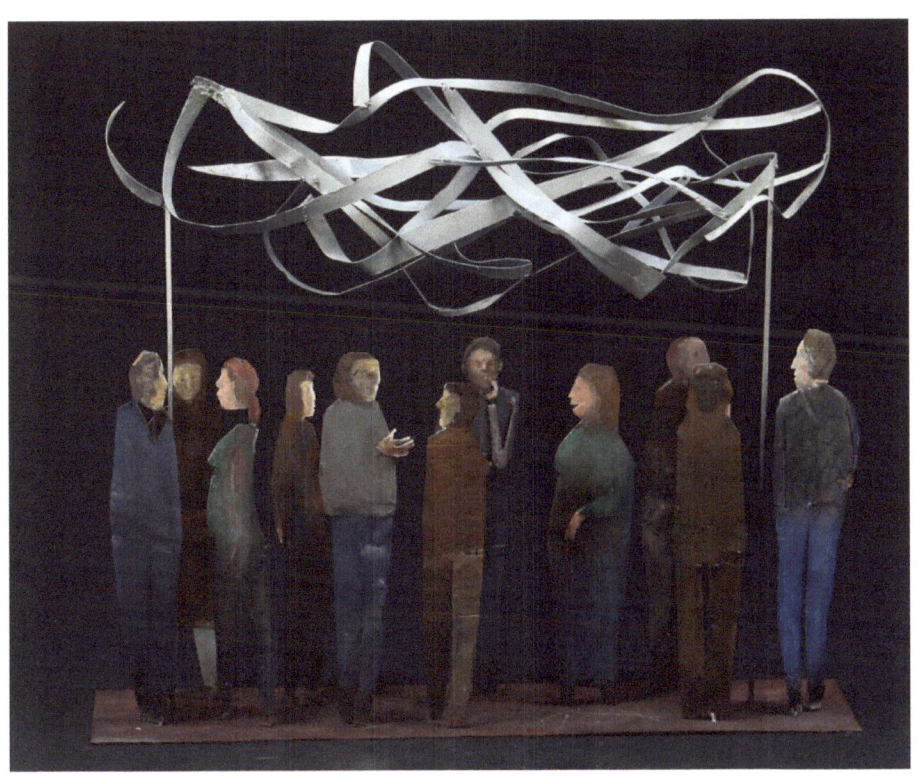

Huvudsaken att man infriar
förväntningarna på hur en
riktig konstnär beter sig. En
riktig konstnär dricker vin
och talar osammanhängande.

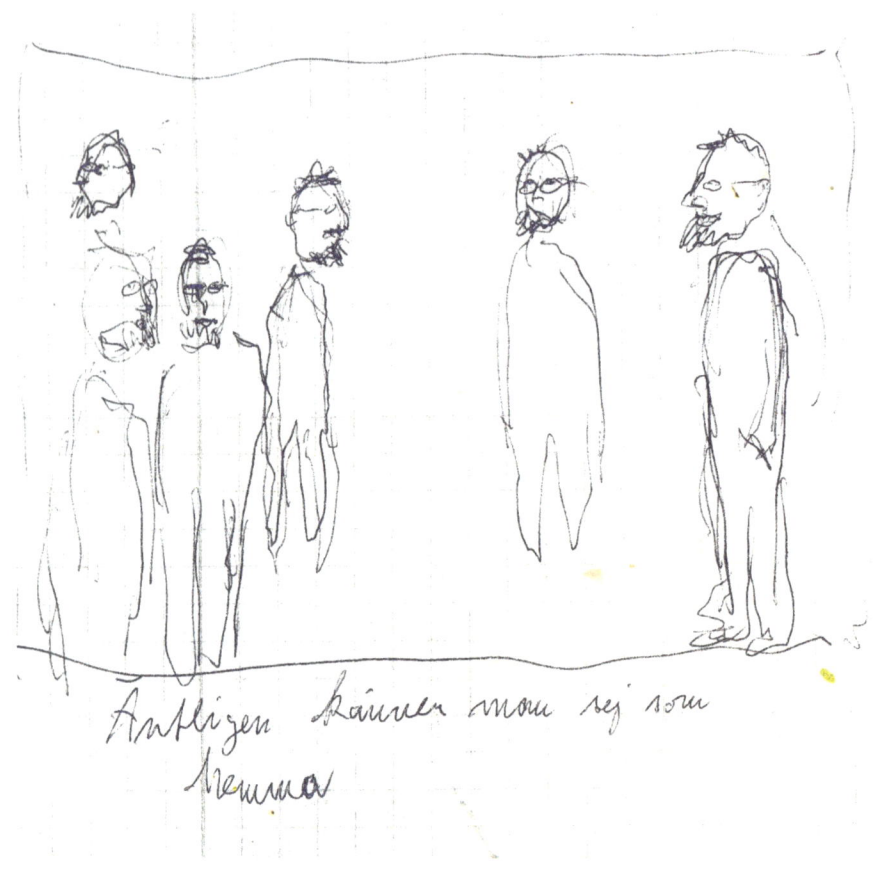

Att göra saker som ser ut som konst är en ensam syssla.
Det är egentligen bara man själv som förstår vad man vill säga.
Konstvärlden består av solitärer som betraktar alla andra som statister, samtidigt som alla vill bli sedda.
Inte för inte kallas utställningsansvariga för curator.

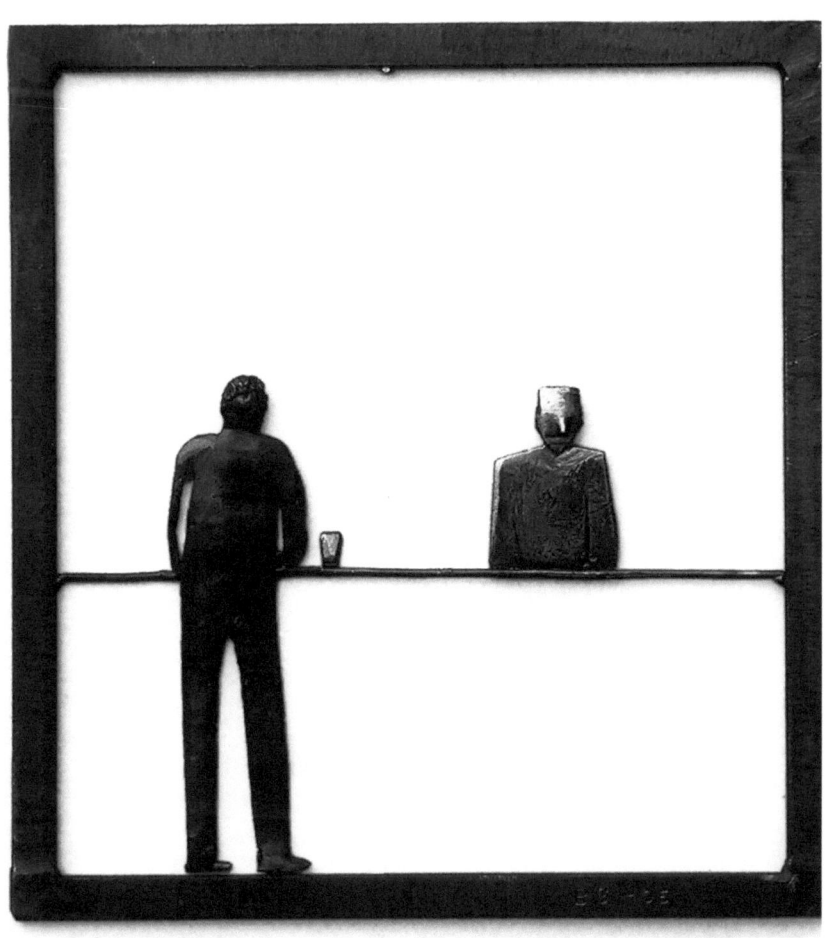

utekväll

Devalvering

Pratar med en musikjournalist. Han har fullt sjå att överleva på det han gör. Det är så många som bloggar om musik att ingen längre vill betala för recensioner. Ytterligare en i raden av klagande kulturaktörer.
Det är svårt att leva på kultur. På ett plan är det så att när en företeelse mister sin exklusivitet minskas också dess värde. Det alla kan göra är inte längre någon konst och då är det svårt att ta betalt.

Så är det även med bilder. Alla tar bilder och lägger upp på nätet. Vi översköljs av bilder och många av våra synintryck sker via digitala gränssnitt. Vi kopierar och manipulerar. Det påverkar vårt bildseende och devalverar bildernas värde.

Ett svar är att likt en jonglör tillföra något som höjer svårighetsgraden. Jonglera med brinnande pinnar eller jordgubbstårtor. På en festival såg jag en gång en fiolspelerska i hästsvans och prickig klänning som spelade ett virvlande fiolsolo medan hon till synes utan ansträngning steppade i takt. Steppandet tillförde inte så mycket rent musikaliskt men jag och alla andra i publiken jublade. Alla gillar virtuositet.

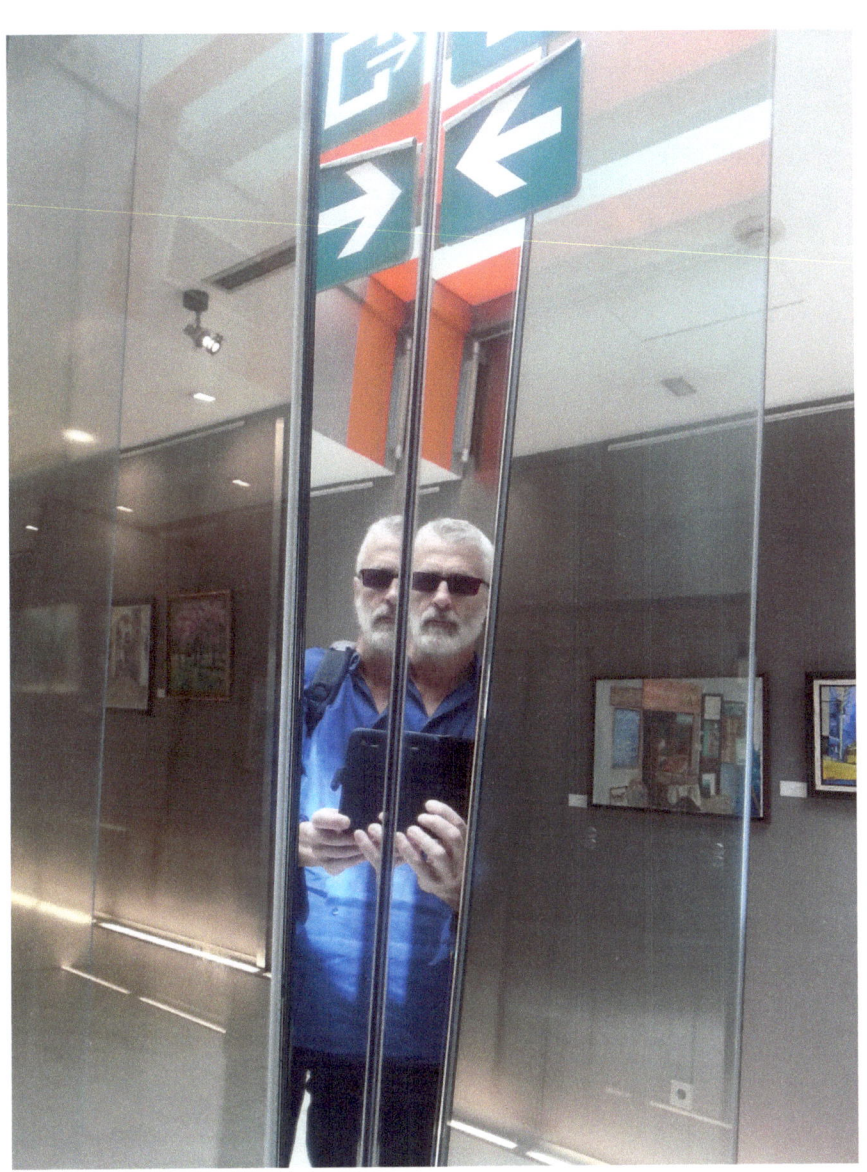

På Auckland Art-museum såg jag ett verk av William Kentridge som använde sig av förhöjd svårighetsgrad. Det var en av hans sedvanliga kolteckningsanimationer men den här gjord så att den bara gick att tolka via en polerad rostfri cylinder. Skickligt och hur cool som helst om det inte vore att jag sett samma trick använt i ett verk från 1700-talet vid Tromp l'oeil utställningen på Nationalmuseet i Stockholm 2008.

Bländverk: Bysantinsk ornamentik, Maorikulturens träsniderier och tatueringskonst, trioldrillandet i hårdrockssolon. Inte nödvändigtvis snyggt men alltid imponerande. Jag vet inte hur musikrecensenten ska göra för att höja svårighetsgraden. Skriva med förbundna ögon kanske?

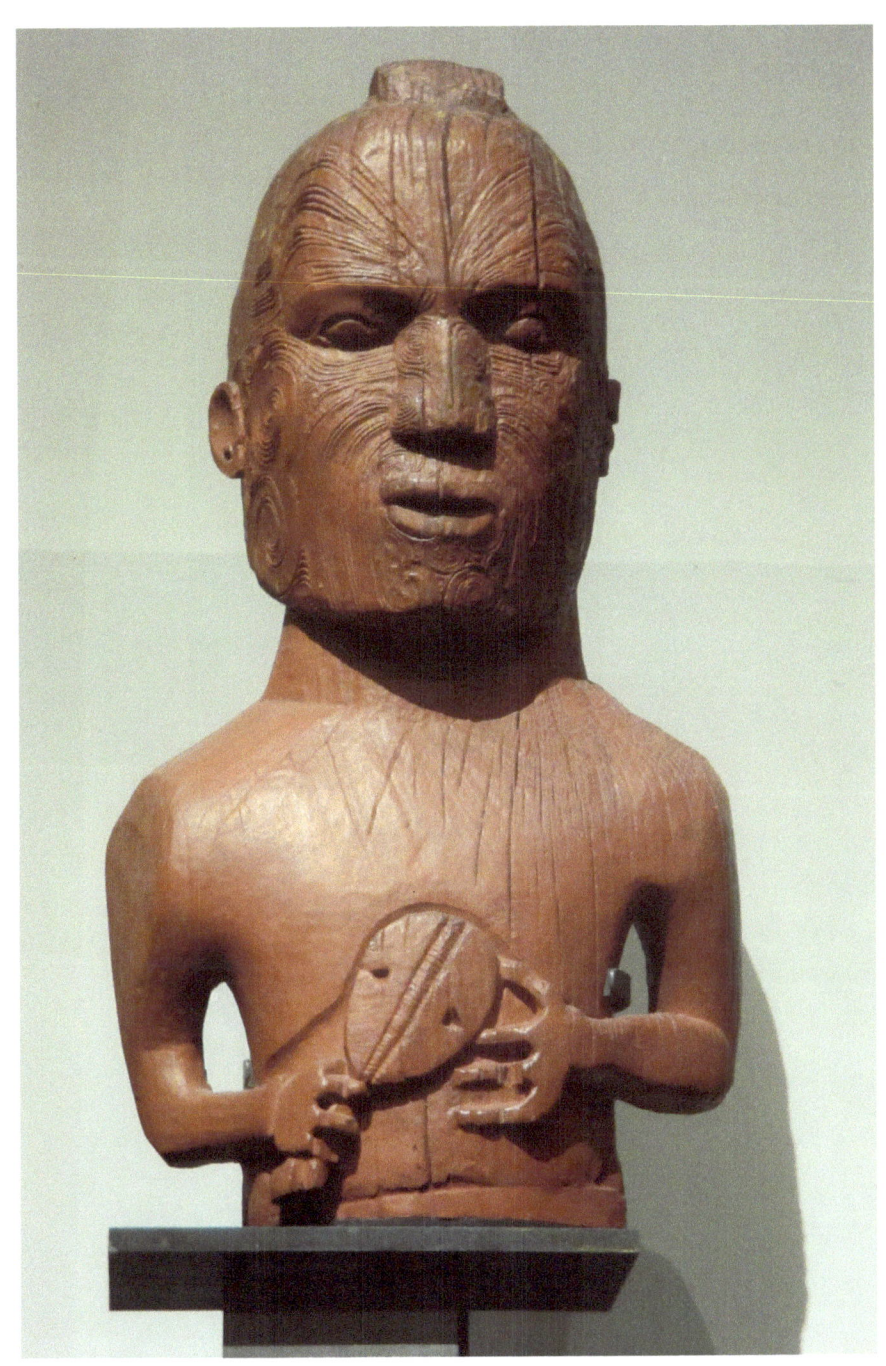

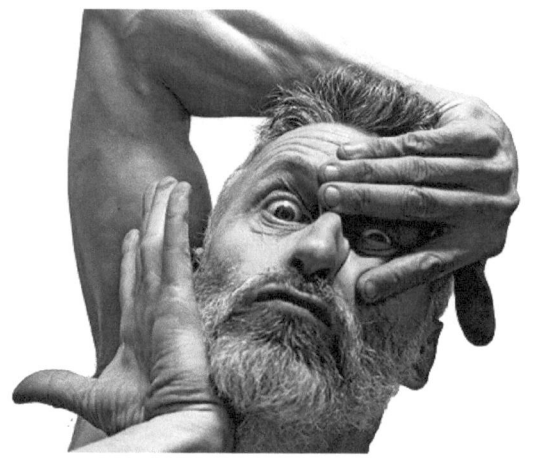

Annars kan man svara med märkvärdefiering. Att göra något så svårtillgängligt att det blir förbehållet en upplyst elit. Begränsa marknaden till de som betyder något och lämna alla andra oberörda.

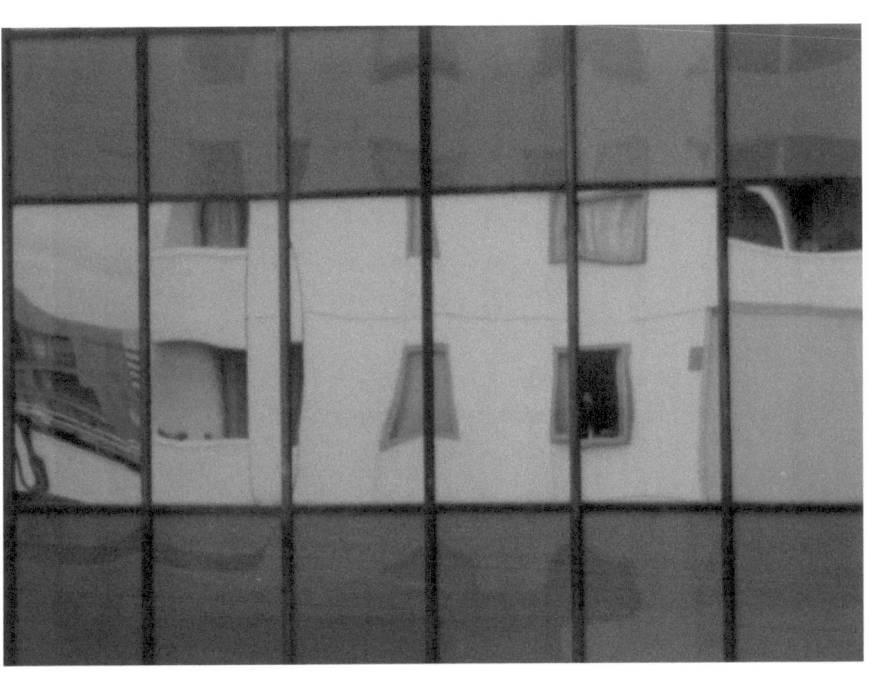

Den anonyma entrén. Den ointresserade galleristen som med en enda blick avfärdar en som icke potentiell köpare och sedan återgår till sin surfplatta. De ogenomträngliga textmassor och underförstådda referenser som måste till för att förstå det som finns där till beskådande. Föremål som i ett annat sammanhang skulle passeras med en axelryckning. Märkvärdefiering är en självförstärkande mekanism som får alla inblandade att känna sig viktiga.

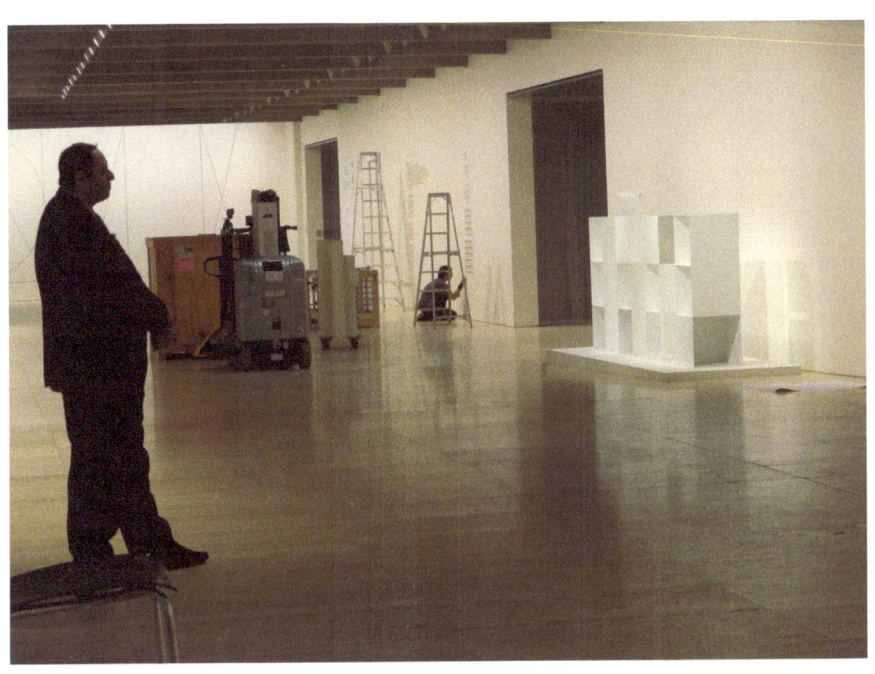

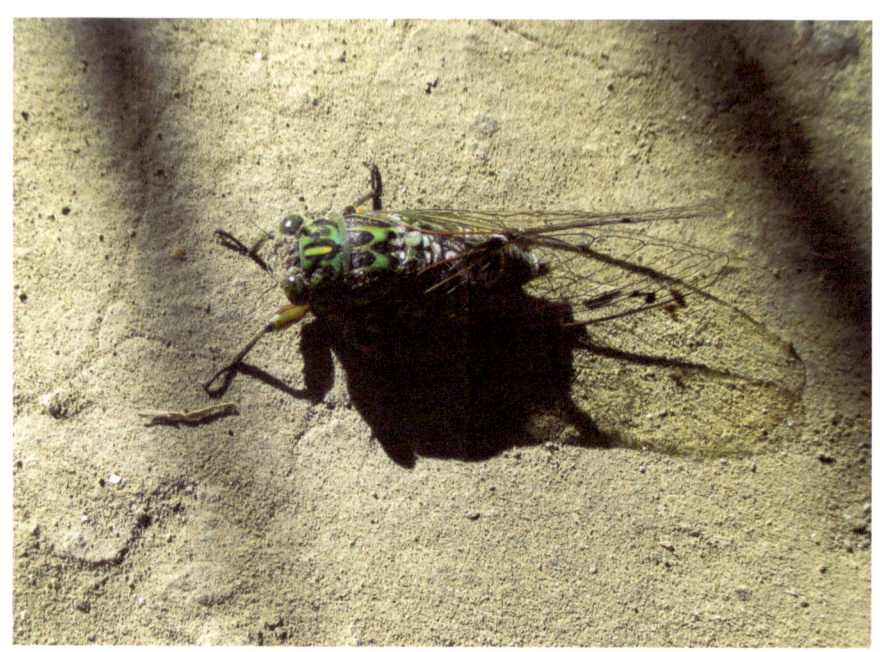

Vandrar upp för en illa röjd stig, duckar under grenar och palmblad. Går i en naturskyddad skog på Waiheke Island. Cikadorna gnisslar och jag skrämmer iväg några stora fåglar. De försvinner med ett brakande in bland träden innan jag hinner se hur de ser ut.
"Varans fetischkaraktär" maler i mitt huvud som ett mantra. Tänker på konstens roll i det senkapitalistiska samhället och finner att gamla marxistiska termer från min ungdom fortfarande känns aktuella. Tendensen att allt mer av mänsklig aktivitet dras in i en virvlande varukarusell. Töms på sitt reella innehåll och reduceras till enkla Köp och Sälj-objekt. Så även konsten.
Varans fetischkaraktär - Förfrämligande - Alienation. Cikadorna knäpper med benen i samförstånd.

I Sverige är vi på väg från samhällsstödd kultur till en mer marknadsanpassad. Från kommunala musikskolor till Idol. Vad det ger för kultur lär visa sig. Mecenaterna har iallafall fått en renässans med tanke på alla privata museer som öppnats.

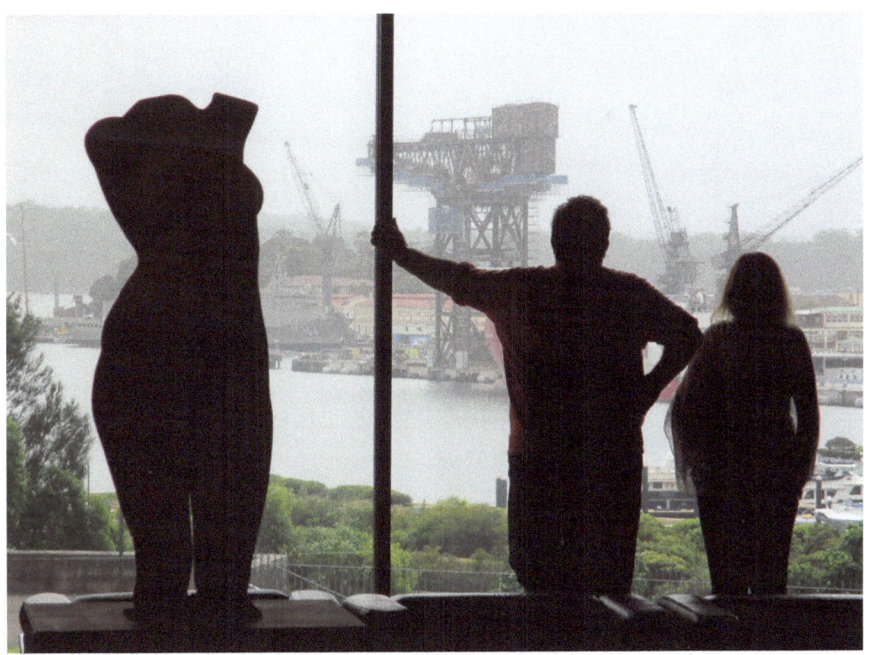

TVIVEL

Tvivel är en sund reaktion. Utan tvivel skärps inga idéer. Utan tvivel blir man en lycklig medelmåtta. Verksamheten stagnerar och dränks i sin egen hyllningskör.

Samtidigt måste man ju tro på något. Tro att det man gör är viktigt. Tro på möjligheten att visualisera sina idéer. Enbart tvivel leder till cynism och dålig självkänsla.

Att göra saker som ser ut som konst är en evig balansgång mellan hybris och förlamning.

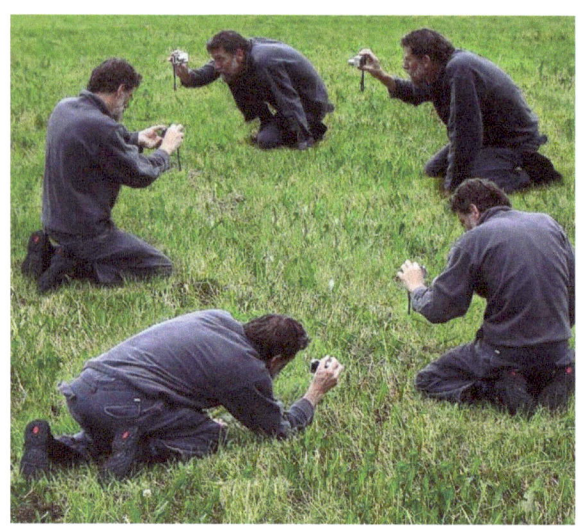

Konstvärlden anklagas med viss rätt för att vara självupptagen. Att så mycket som görs bara är till för att imponera på de egna leden. Det beror delvis på att konstens roll i samhället har förändrats. Från att ha varit kulturens nav är konsten av idag mest en företeelse i upplevelseindustrins utkanter. Behovet av bataljmålningar och kungaporträtt har minskat.

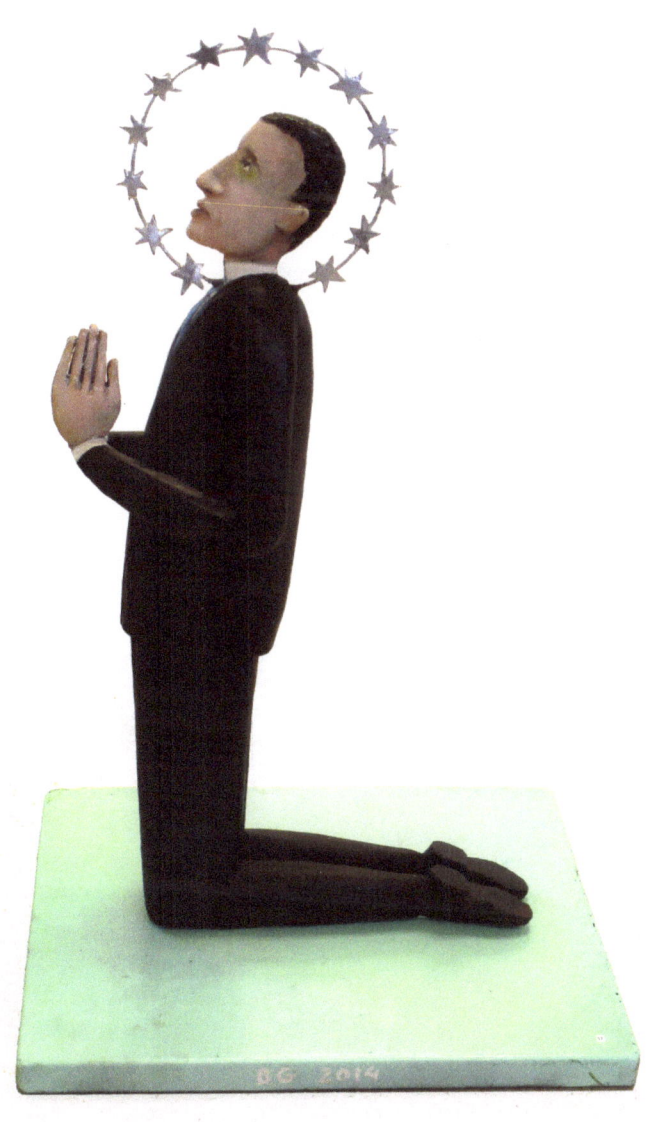

Men man kan fortfarande se ett och annat exempel på uppbygglig beställningskonst.

Det för oss till frågan om nyttan med konst. En del saker som ser ut som konst kan möjligen komma till praktisk användning som fruktskålar eller uppläggningsfat.

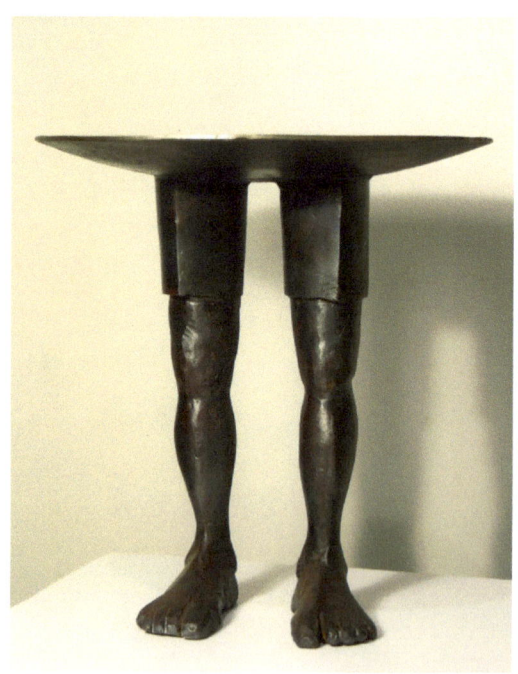

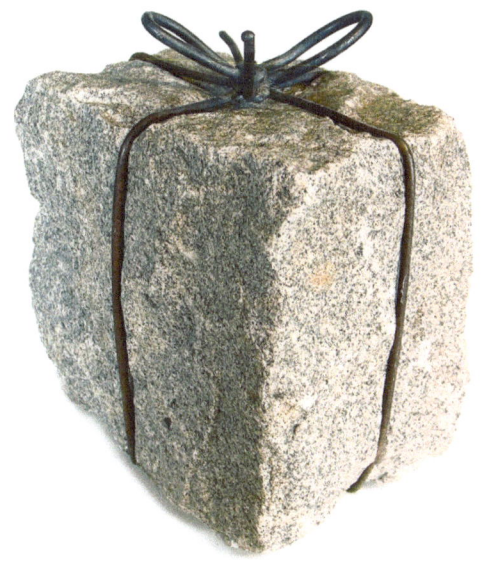

Men de flesta är bara till för att tittas på. De är lika nyttiga som ljudet av en humlas surr vid en sommaräng.

Nyttig konst är oftast tråkig.
Bäst är den som bara är.

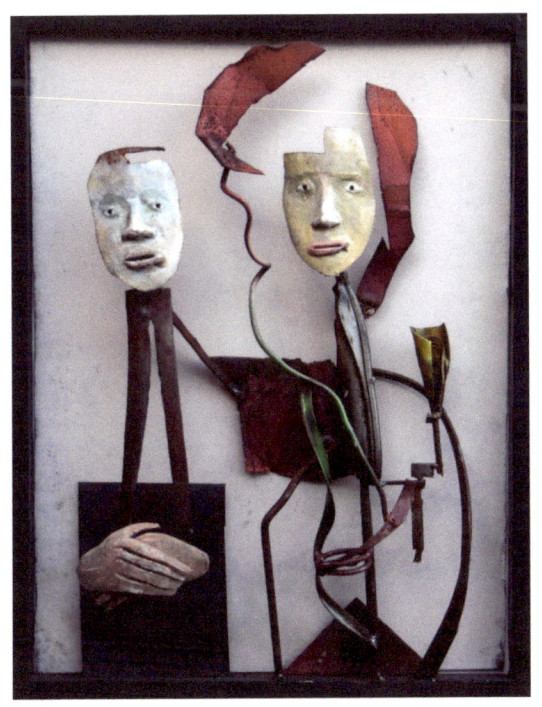

Vi hör vad du säger men du får ändå inte åka på den där festivalen.

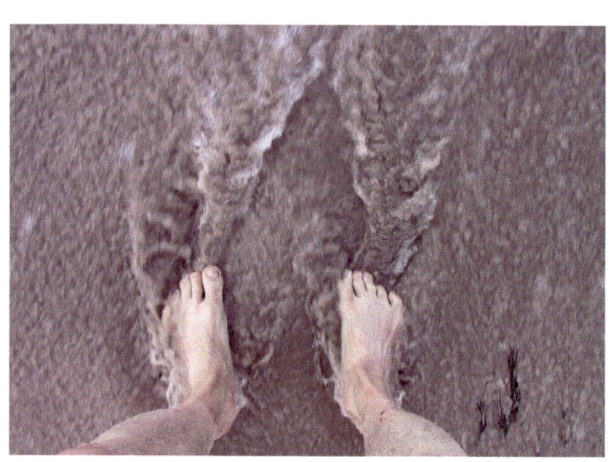

De eventuella funderingar som
dessa texter och bilder åsamkat
är helt oavsiktliga och beror
uteslutande på läsarnas egna
associationer.
Sundsvall 2014
Björn Gimstedt

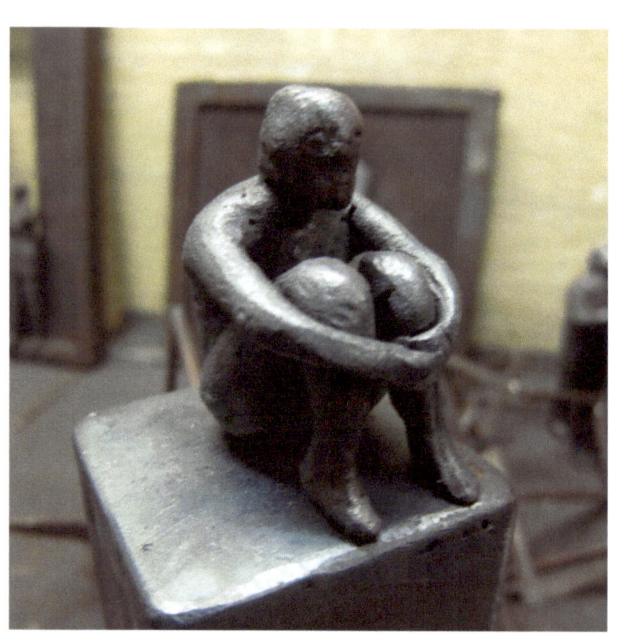

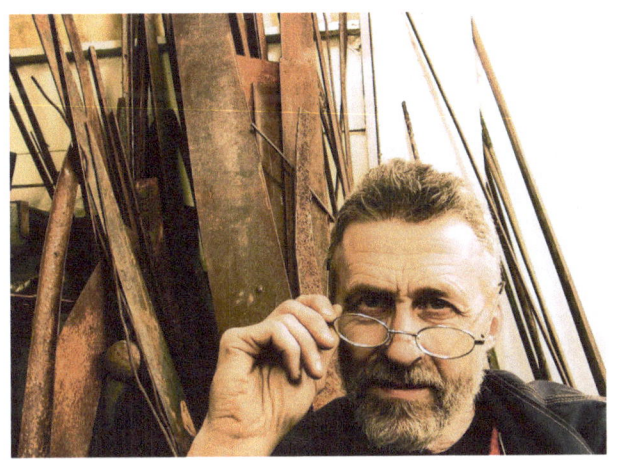

Björn Gimstedt. Konstnär, musiker och hantverkare. Född 1953. Bor i Sundvall. Finns även på nätet: *www.gimstedt.se*

Copyright och foto: Björn Gimstedt

www.ingramcontent.com/pod-product-compliance
Lightning Source LLC
Chambersburg PA
CBHW040248220526
45473CB00001B/411